MOYENS

POUR LA RESTAURATION DES PILIERS

DU DOME

DU PANTHÉON FRANÇOIS.

Par CHARLES-FRANÇOIS VIEL,

ARCHITECTE DE L'HOPITAL GÉNÉRAL.

A PARIS,

DE L'IMPRIMERIE DE H. L. PERRONNEAU,
RUE DES GRANDS AUGUSTINS.

M. DCC. XCVII.

AVANT-PROPOS.

Les recherches que j'ai publiées (1) *sur la construction du temple de Sainte-Geneviève, aujourd'hui le Panthéon, et sur les effets redoutables qui se sont développés dans les supports de sa coupole; les vues générales que j'ai présentées pour leur restauration*, seroient un travail imparfait, si je ne faisois connoître d'une manière précise la nature et l'espèce des moyens que j'ai conçus pour la conservation de ce monument.

Après avoir tracé mes plans, je me proposai de les faire graver et d'exposer seulement avec eux les motifs essentiels de mon projet; mais les circonstances s'y sont opposées. C'est pourquoi je me suis réduit à en faire une description détaillée, en m'interdisant de vains et longs discours que le génie et le sentiment des arts dédaignent. Aussi je me flatte que tout lecteur attentif reconnoîtra que je lui offre un morceau d'architecture dont toutes les parties

(1) *Principes de l'Ordonnance*, etc. A Paris, chez l'auteur, rue du faubourg S. Jacques, nº. 123, et chez H. L. Perronneau, *imprimeur-libraire*, rue des grands Augustins, nº. 14.

sont étudiées, en sorte qu'il en jugera aisément la composition (1), et afin de faciliter au public, autant qu'il a été en mon pouvoir, l'application de mes moyens de restauration, je joins ici un plan gravé du Panthéon que j'ai pu me procurer.

(1) Ces dessins seront gravés, et je les publierai dans la seconde partie de mon ouvrage dont je m'occupe.

MOYENS

POUR LA RESTAURATION DES PILIERS
DU DOME

DU PANTHÉON FRANÇOIS.

J'AI démontré (1) les véritables causes de la ruine des supports du dôme du Panthéon, partie la plus importante de l'ordonnance de ce vaste édifice. Les causes que je dois rappeler, consistent dans la forme triangulaire du plan de ces mêmes supports, dans l'application des colonnes qui leur tiennent par un foible point, et dans l'insuffisance de leur masse.

Voyez le plan.

IL n'existe pas de gens instruits dans l'art de bâtir, qui méconnoissent le péril imminent où se trouve exposée la coupole du Panthéon. L'état actuel du corps de ses piliers, et des colonnes qui y sont adhérentes, prouve la nécessité de leur restauration. Dans la lutte établie entre le poids du dôme et la résistance des supports, la masse soutenue ne perd rien de son action destructrice, tandis que la masse qui porte et qui resiste,

---

(1) Principes de l'Ordonnance, etc., ch. 36, p. 209; ch. 37, p. 215.

voit, au contraire, sa puissance s'altérer de plus en plus, et bientôt devoir être nulle (1).

Pour remplir avec succès le grand travail de la restauration des supports du dôme du Panthéon, les bornes de l'art sont très-circonscrites; et l'on peut appliquer à ce sujet la pensée de Boileau.

« La raison, pour marcher, n'a souvent qu'une voie. » En effet, le plan du temple de Soufflot est exécuté; ses différens axes sont invariables, les proportions des colonnes sont fixées. Voilà des obstacles bien capables d'entraver les efforts des architectes qui s'occupent de cette restauration importante par son objet et difficile par sa nature. Cependant il existe des moyens propres à conserver la coupole, ainsi que les péristyles intérieurs de ce monument sans leur porter aucune atteinte. Il faudroit être sans génie pour ne concevoir dans les renforts à faire aux piliers du dôme, qu'une construction de placquis, et en tirer la conséquence et la nécessité de démolir la coupole entière, et d'appliquer dans cette circonstance l'axiôme : « *Sublata causâ, tollitur effectus*. Détruisez la cause, par là vous arrêterez l'effet (2). »

---

(1) A l'époque du premier juin de cette année 1797, je remarquai que les progrès des froissemens dans les supports continuoient de la manière la plus sensible. La colonne d'angle du pilier EST, sur la branche NORD, s'entrouvroit au-dessus de l'astragale dans la hauteur de plusieurs tambours.

L'on conçoit aisément les conséquences qui peuvent résulter de la ruine complette de ces mêmes parties.

Dans une visite du 14 octobre suivant je constatai que la plupart des colonnes des différens supports avoient, dans leurs mouvemens, rompu les queues d'hirondes et les autres signes appliqués sur leurs tambours.

(2) Observations sur l'état alarmant du Panthéon et sur les moyens d'y obvier. Journal de Paris, n°. 245, quintidi 5 prairial, an 5, 24 mai 1797.

(7)

En vain l'on a prétendu, pour appuyer un systéme aussi barbare, que la nouvelle destination du temple de Sainte-Geneviève permet de grands changemens dans le dôme, et même sa suppression totale. Je demanderois à l'auteur de pareils projets en quoi consiste le caractère d'un morceau d'architecture? N'est-il pas constant qu'il résulte de la forme de son plan et des proportions qui en composent l'ordonnance? Or, pourra-t-on jamais faire disparoître dans le plan du Panthéon François, la figure de la croix qu'il exprime, figure particulière aux temples des chrétiens?

Mais les dômes, ces ingénieuses compositions dont l'idée primitive se trouve dans l'antiquité et dont l'espèce fut plus prononcée au sixième siècle à Sainte-Sophie de Constantinople, les dômes ne conviennent pas seulement aux temples, ils peuvent être adaptés avec succès à certains édifices publics. C'est pourquoi l'un des plus grands génies que la nature ait formé pour les arts; Raphaël, dans son école d'Athènes, a-t-il admis la composition d'un dôme au centre du superbe portique dans lequel il a rassemblé les principaux philosophes de l'antiquité; et il n'y a point lieu à provoquer la suppression de celui du Panthéon, malgré le nouvel usage de ce monument.

Je dirai plus : si l'on considère cet édifice comme un mausolée, son dôme lui convient par sa forme pyramidale et circulaire. Une disposition analogue se rencontre dans des bâtimens antiques qui avoient la même destination. Tel étoit le môle d'Adrien, à Rome, aujourd'hui le château Saint-Ange. Ce mausolée fameux offroit dans son premier état un large soubassement carré avec trois ordres qui s'élevoient les uns au-dessus des autres sur des plans circulaires : « Le tout, dit Barbault, couronné d'une espèce de dôme ou coupole, etc. » (1).

(1) Ce monument nous est ainsi offert *splendor*, Pl. 116, *Romæ*, anno 1612, dans le recueil connu : *Antiquæ urbis*

Cette convenance des dômes aux mausolées est encore appuyée par l'exemple d'un monument moderne de ce genre, la sépulture des Valois à Saint-Denis. Le plan ingénieux de ce chef-d'œuvre d'architecture, qui seul eut immortalisé Philibert Delorme, étoit composé à l'extérieur de deux ordres élevés à-plomb l'un de l'autre, avec un attique couronné d'une coupole (1).

De telles autorités sont bien capables de fixer nos idées sur une question aussi intéressante; d'où je conclus qu'il ne faut point prétendre procurer au Panthéon une plus grande convenance à sa destination, en supprimant sa coupole ou en détruisant même son dôme. Un pareil attentat ne seroit attribué qu'à une insuffisance de moyens de restauration. Il faut vaincre la difficulté. Tout se réduit à consolider efficacement les supports. Aussi faut-il que l'artiste, dans ses méditations sur ce grand sujet, se défende de tout esprit systématique contre l'invention des dômes. Ces sortes d'ordonnances, comme l'a remarqué un auteur judicieux, *feront toujours la principale beauté des temples* (1). Et cette opinion a été celle des plus grands architectes.

---

(1) Recueil des plans, profils, etc., par Marot, Pl. 106 et 107. A Paris, chez Mariette.

(2) Examen d'un essai sur l'architecture. A Paris, chez Michel Lambert, 1753.

RESTAURATION.

RESTAURATION.

Je réduirai à deux espèces différentes, que l'expérience seule puisse avouer, les moyens de restauration des piliers du dôme du Panthéon; l'une est le renfort à opérer sur les deux côtés de l'angle droit de leur plan triangulaire, l'autre est celui à faire sur le côté opposé à cet angle, qui forme le pan-coupé. J'insisterai peu en traitant de la première, mais je développerai toutes les ressources de la seconde.

Renforts sur les côtés droits des piliers.

Les premiers moyens pour consolider le dôme consistent dans la construction de deux masses semblables qui uniroient chacun des piliers, avec les colonnes des péristyles qui leur correspondent sur chaque branche des nefs. Ces masses s'érigeroient sur des plans circulaires, et seroient ouvertes dans l'axe des mêmes péristyles; de cette manière les piliers recevroient un renfort important. *Voyez le plan.*

Mais une pareille addition, indépendamment de l'atteinte qu'elle porteroit à l'ordonnance dans cette partie du temple, exigeroit pour la symétrie du plan général, que les mêmes formes fussent rappelées aux extrémités des nefs, ce qui ne laisseroit plus sur chacun de leurs côtés, que deux colonnes isolées; dès-lors tout l'effet des péristyles est évanoui. L'on ne peut donc se livrer à cette espèce de moyens, quelqu'avantage qu'elle présente. Si l'on vouloit, en s'attachant au même système de restauration, réduire le renfort à donner aux piliers, en une seule masse semblable de forme aux précédentes, placée entre leurs angles droits et ceux des murs d'enceinte, il en résulteroit les conséquences suivantes.

Voyez le plan.

UNE seule masse ainsi adaptée ne pourroit s'unir que foiblement aux angles que je viens de désigner. Cette masse d'ailleurs fortifieroit peu les piliers, elle ne remédieroit pas au porte-à-faux des voûtes des nefs sur les plate-bandes des colonnes qui leur tiennent; elle ne viendroit à l'appui que du péristyle extérieur du dôme sous l'arc-boutant intermédiaire aux grands arcs chainettes et qui se lie avec eux (1). Selon ce plan encore, les suites des colonnes de l'intérieur du temple seroient interceptées; donc il faut renoncer à toutes restaurations sur les côtés droits du plan des supports.

Observations.

APRÈS avoir démontré la nécessité d'avoir recours à des moyens différens des premiers, pour accroître la force des piliers, je vais traiter des renforts à faire sur les côtés intérieurs du plan du dôme. Je ne dissimulerai pas cependant les difficultés qui s'y rencontrent et que je dois désigner.

LES obstacles dont je veux parler, sont : 1°. le peu de largeur de la tête des supports, composée d'une seule colonne et d'un demi pilastre, n'ayant ensemble et de front que 5 pieds 6 pouces

---

(1) Ces arcs ne soutiennent que le soubassement du péristyle extérieur du dôme, leur diamètre est de 95 pieds 5 pouces, sur 31 pieds 10 pouces 6 lignes d'élévation de ceintre.

3 lignes. 2°. L'impossibilité absolue de rien ajouter à ces supports en se reportant sur les péristyles ; et ces obstacles naissent du vice radical de leur plan triangulaire, forme contre laquelle je ne puis trop insister.

Or, la nature de ces dispositions a entraîné les conséquences suivantes. D'abord les arcades des nefs, ainsi que les pendentifs qui leur sont intermédiaires, reposent immédiatement et en entier sur les quatre piliers solitaires. Ensuite l'épaisseur de ces bases du dôme n'ont dans leur plus grande dimension que 10 pieds, et sur elles la projection des pendentifs est de 8 pieds ; et la hauteur totale de la construction de cette partie du temple, à compter du sol intérieur, jusques et compris le lanternon qui couronne la coupole est de 235 pieds.

L'on apperçoit aisément d'après ce simple exposé, qu'il est inévitable d'attribuer à ces mêmes bases des forces nouvelles qui fassent disparoître cette espèce d'échafaudage. Il n'est donc point d'accroissemens qui conviennent mieux que ceux à faire sur les pans-coupés, malgré les obstacles qui s'y rencontrent. Par-là on peut rapprocher le plus possible les paremens de ces côtés des piliers de l'à-plomb de celui du soubassement du tambour du dôme, et en diminuer tout à la fois la projection des pendentifs (1). En conséquence, j'ai porté mes méditations sur ce point essentiel ; mais par suite des obstacles que je viens d'indiquer, je n'ai pu tenter que trois combinaisons différentes, pour refondre, si je puis m'exprimer ainsi, les supports du dôme du Panthéon.

(1) Principes de l'Ordonnance, etc., ch. 40, p. 230.

ACCROISSEMENS

SUR LES PANS COUPÉS DES SUPPORTS DU DOME.

PREMIER PROJET.

Les plus simples combinaisons, et qui appartiennent à ce premier projet, consistent dans des piédroits qui s'uniroient avec les colonnes engagées aux angles aigus des supports et à leurs pilastres ; ces piédroits auroient 2 pieds de saillie à compter du tailloir du chapiteau, et 5 pieds 6 pouces de largeur à leurs têtes, dimension qui est celle des mêmes colonnes et des pilastres réunis. L'on obtiendroit une telle largeur par un dégagement fait sur l'alette qui s'aligneroit avec le fût de la colonne à sa diminution.

<small>Voyez le plan.</small>

Les piédroits procurent les avantages suivans. D'abord ils renforcent puissamment les angles aigus des piliers contre la poussée des arcades des nefs. Ensuite ils étayent avec succès le porte-à-faux de 12 pouces 9 lignes du tambour du dôme qui existe sur l'axe de ces mêmes voûtes ; ils font disparoître dans leurs coupes, les redens dont j'ai signalé tout le vice (1) ; ils permettent encore un accroissement important dans les pans-coupés, et donnent la facilité d'y ajouter des colonnes du même ordre pour concourir à la richesse de l'ordonnance.

Mais ce premier projet renferme deux inconvéniens principaux. L'un consiste en ce que de simples piédroits érigés au centre de la somptueuse composition de ce temple, y porteroient

---

(1) Principes de l'Ordonnance, etc., ch. 39, p. 222.

atteinte, et causeroient une discordance entre le plan des nefs et celui du dôme. En vain, pour les enrichir et lier toute l'ordonnance, l'on y adapteroit des ornemens, ou des figures sur des piédestaux. L'autre inconvénient de ce même projet tient au dégagement de 18 pouces de profondeur qu'il nécessite entre la colonne et le piédroit, et qui produiroit le plus mauvais effet.

DEUXIÈME PROJET.

La seconde des combinaisons dans l'accroissement des piliers diffère de la précédente, en ce que les piédroits n'auroient de largeur que la moitié du diamètre des colonnes d'angles jointe à celle des pilastres. Dans ce système, une colonne solitaire viendroit enrichir la tête des piédroits, et un petit ordre pourroit en décorer les pans-coupés. *Voyez le plan.*

Si ce projet a l'avantage sur le premier de ne point rompre la richesse de l'ordonnance, il s'y trouveroit deux vices différens. L'un, relatif à la solidité, feroit que les colonnes des angles des supports resteroient saillantes sur l'alette des piédroits d'un demi diamètre, ensorte que ceux-ci n'auroient plus que 4 pieds d'épaisseur, au lieu de 5 pieds 6 pouces, comme ceux du projet précédent. De pareils piédroits n'agiroient pas avec le même avantage contre le porte-à-faux des quatre segmens du plan de la tour du dôme sur l'axe des nefs. L'autre vice intéresse les effets de l'architecture. Dans ce projet, les piédroits et les colonnes isolées qui les accompagnent, auroient une maigreur inévitable, et les ressauts dans les entablemens seroient durs et âpres.

Telles sont les deux seules restaurations que permettent, et les différens axes des péristyles, et la circonférence du plan du dôme dans son contact avec les arcades des nefs. Or, comme il est évident que chacune d'elles a des inconvéniens graves, l'on ne doit s'arrêter ni à l'une ni à l'autre.

TROISIÈME PROJET.

Au milieu des difficultés sans nombre dont la réfection des supports du dôme du Panthéon est hérissée, il faut que l'architecte franchisse la barrière qui s'oppose aux effets de l'ordonnance et aux grands moyens de solidité qu'elle exige.

C'est dans cette forte persuasion que j'ai tracé le plan que je vais décrire, celui auquel, ainsi que je l'ai annoncé dans mon ouvrage, je me suis fixé de préférence, et le plus conforme aux véritables principes pour obtenir le succès desiré (1). Dans l'état actuel, le plan des arcades des nefs se rencontre en un point avec celui du tambour sur leur axe, et dans les accroissemens à faire aux piliers, le nouveau plan s'inscrira à celui du tambour.

Voyez le plan.

Disposition générale.

J'établis le sol du temple sur un même niveau, selon la pensée de Soufflot, qui n'admit dans ses dernières études, une différence de 2 pieds 6 pouces plus bas que dans le sol de la première nef d'entrée. Je reporte à la tête des péristyles de cette même nef, côté du portail, les marches construites dans la largeur de leurs trois entre-colonnes (2).

Renforts faits aux piliers.

Quatre nouvelles colonnes isolées placées à chaque ouverture des nefs sur le dôme, annoncent son entrée; elles en prononcent

---

(1) Principes de l'Ordonnance, etc. ch. 3o, p. 234.

(2) Le plan de Sainte-Geneviève, gravé en 1775 et publié par Dumont, est conforme à ce que j'annonce ici; l'on n'y voit point les marches exécutées dans le pourtour des nefs. Le plan du dôme et de trois des nefs, sont de niveau.

la forme du plan inférieur qui s'apperçoit à peine aujourd'hui. Ces colonnes accompagnent des piédroits qui procurent un nouveau front aux piliers, et sur elles reposent des arcs-doubleaux qui se marient avec les voûtes. Les pans-coupés, devenus plus larges, présentent une surface sur laquelle peut s'adapter un détail convenable.

Voyez le plan.

Premier résultat.

Les huit piédroits dans ce plan ont 10 pouces d'alette, laquelle est d'alignement avec l'axe des colonnes qui font partie des piliers; et les deux colonnes nouvelles qui accompagnent chacun d'eux, offrent un front de 8 pieds, qui fait la largeur des arcs-doubleaux. Indépendamment de ces constructions, qui absorbent la forme triangulaire des supports, leurs pans-coupés reçoivent un supplément de 5 pieds, sans y comprendre les liaisons que la simple suppression des placquis qui couvrent leurs surfaces, doit opérer.

Quelques considérables que soient les accroissemens que je propose, ils n'exigent point de nouvelles fondations; celles qui existent sont suffisantes pour les recevoir. Soufflot, sans doute, lorsqu'il jetta les fondemens de son édifice, a été inspiré par un génie conservateur de son propre ouvrage, pour lui procurer un jour les bases nécessaires à la restauration des supports de sa coupole.

Second résultat.

Les proportions qui doivent exister entre les masses des piliers, et celles des piles du tambour sont l'objet principal qu'il faut considérer. Je vais donc comparer les proportions établies par Soufflot entre ces mêmes parties avec celles que mon plan leur assigne.

Voyez le plan.

(16)

La coupole a pour appuis immédiats, les quatre piles du tambour dans lesquelles sont pratiqués les escaliers qui conduisent au sommet de l'édifice, elles sont l'ame, pour ainsi dire, de toute cette construction. C'est l'existence et la masse de ces piles, qui légitiment en partie la réponse faite récemment contre le système ancien qu'avoit fait valoir l'architecte Patte, système qui veut que toutes les parties du tambour d'un dôme aient une même épaisseur du dixième de son diamètre (1). En effet, les piles exécutées ont 10 pieds d'épaisseur sur une longueur de 19 pieds, tandis que les trumeaux intermédiaires n'ont que 3 pieds 3 pouces (2), au lieu de 6 pieds 2 pouces *uniformément* prescrits dans le mémoire de Patte. Ce critique cependant considéra la coupole comme devant être composée d'une seule voûte en pierre (3), au lieu de trois différentes qui la construisent; et l'on est néanmoins d'accord à la juger solide.

Qui le croiroit! les quatre piles du tambour du dôme, sans lesquelles il ne pourroit exister, portent en bascule sur les pendentifs. La seule cage d'escalier, contenue dans chacune d'elles, et qui n'est qu'une foible portion de leur masse entière, répond au solide des supports dont le volume cubique le cède de beaucoup à celui des mêmes piles.

Voici maintenant les rapports entre ces constructions principales que présente le plan que j'ai tracé.

---

(1) « Enfin on aura l'épaisseur du tambour nécessaire pour contreventer la coupole, en partageant le diamètre de son dans-œuvre en dix parties égales, en donnant à son mur *uniformément* une de ces parties. »

Mémoire sur la construction de la coupole de Sainte-Geneviève, p. 10.

(2) Pour être exact, il faut ajouter à cette épaisseur propre des trumeaux, celle des colonnes qui en dépendent et qui produisent une épaisseur réelle de 5 pieds.

(3) Planche I, figure première, Mémoire de Patte, précité.

D'Abord

D'abord la projection des pendentifs est réduite à 3 pieds, au lieu de 8 pieds qui est l'état actuel, par l'accroissement fait aux supports, ensorte qu'ils soutiennent presque d'à-plomb le plus grand poids du dôme.

Ensuite les piles du tambour à leurs extrémités ont des appuis verticaux dans les piédroits des arcades des nefs. Ces piédroits de plus, ainsi que les seize colonnes nouvelles et les arcs-doubleaux qu'ils reçoivent, consolident avec succès le porte-à-faux du tambour de 12 pouces 9 lignes ; ils procurent aux supports du dôme, un cube supérieur à celui des piles qui s'érigent sur eux ; et ils satisfont pleinement aux principes (1).

Mais il ne suffit pas que les renforts que je donne aux piliers, soient capables d'assurer la conservation de la coupole du Panthéon, et qu'ils remplissent la première des conditions, la solidité ; il faut encore que celles qu'exigent les belles proportions de l'architecture s'y rencontrent. Je dois m'expliquer sur ce point délicat.

Les arcs-doubleaux, ces parties essentielles au soutien des dômes, propres à produire des effets larges et heureux dans leur ordonnance, auroient 29 pieds 8 pouces de diamètre, leur hauteur sous clef seroit de 67 pieds 3 pouces 10 lignes à compter du sol surélevé de 2 pieds 6 pouces (1). Les nouvelles colonnes

---

(1) Principes de l'Ordonnance, etc., ch. 36, p. 208.

(2) La largeur des arcades exécutées, est de 39 pieds 8 pouces entre les colonnes d'angles des piliers qui les portent, la hauteur est de 72 pieds 3 pouces 10 lignes du niveau que j'ai adopté.

De cet état ancien comparé au nouveau, l'on reconnoît que la clef des voûtes des nefs dans l'à-plomb de la tour du dôme a un renfort de 5 pieds.

L'on juge toutes les conséquences avantageuses qui en résultent, quant à la solidité, pour cette partie ; et l'on apperçoit aussi que la nature des renforts que je fais facilitera beaucoup la restauration.

(18)

établiroient au centre de la composition une richesse nécessaire qui lui manque. Entr'elles, et en avant des pans-coupés, des grouppes de figures seroient érigés sur de larges piédestaux; l'apothéose des hommes les plus illustres, décoreroit en bas-reliefs le nud des pendentifs. Les arcs doubleaux que j'emploie et dont les formes sont triomphales, conviennent au dôme qui est le temple proprement dit, dont ils composent l'entrée, tandis que les nefs peuvent n'en être considérées que comme les avenues (1). Les péristyles y conserveroient leurs distributions primitives, ainsi que tous leurs membres. Mon projet ne fait disparoître dans le plan de Soufflot que les pilastres, seule décoration des mêmes pans coupés que tous les architectes ont condamnée.

Je ne crains pas que l'on oppose contre mon plan la réduction qu'éprouvera le dôme au sol de l'édifice dont le diamètre paroît déja foible à l'égard de la capacité entière du temple, effet qui résulte de ce que chaque nef n'a pas ses deux suites de colonnes complettes, comme il faudroit qu'elles existassent. On ne peut également me faire une objection sérieuse contre la saillie de la nouvelle corniche circulaire qui couronnera les pendentifs (2).

. Je soutiens contre la première objection, que les colonnes ajoutées, non-seulement ne reduiront pas à l'œil la grandeur du plan du dôme, mais qu'elles en augmenteront l'apparence, et par

---

(1) L'on sait que les temples et les basiliques antiques les plus estimés n'offroient point de ressauts dans leurs plans, et que leurs voûtes étoient continues. Mais le Panthéon, composé avec un dôme, doit avoir du mouvement dans cette partie de son plan.

(2) Les échafauds qui environnent les quatre supports, et les pendentifs dans toute leur hauteur, et en avant de 5 à 6 pieds, peuvent indiquer la saillie des masses que je propose.

Les madriers qui reposent sur la corniche circulaire au-dessus des pendentifs, et qui excèdent de 2 pieds, annoncent la réduction que produira la nouvelle,

leur disposition, et par leur forme naturelle. Cet effet d'optique à attendre, est certain ; c'est par suite d'une illusion semblable qu'une enceinte dans laquelle on aura planté des arbres, paroîtra plus spacieuse qu'on ne l'auroit jugé avant cette opération. J'observe que malgré les accroissemens faits aux piliers du dôme du Panthéon, leur masse cubique et le développement de leurs pans-coupés, restent inférieurs à ceux des mêmes parties aux Invalides et à Saint-Paul de Londres, considérées dans les proportions respectives entre les vuides et les pleins de leurs plans.

Quant à la corniche circulaire au-dessus des pendentifs, que mon projet exige de reconstruire, elle sera moins saillante que la première sur le nud de la frise, sans perdre de la division et du mouvement qui font le charme des profils. Le stylobate qui s'élève au-dessus de cet entablement, en obtiendra même, dans l'apparence de sa hauteur trop forte, une meilleure proportion. Enfin, je le répète, si l'on ne veut pas altérer le plan de Soufflot, si l'on veut conserver la coupole, le succès dépend des renforts à donner aux piliers à leurs têtes sur les différentes nefs, ainsi que sur les pans-coupés (1).

(1) Le gouvernement, sans doute, avant de prendre aucun parti dans une entreprise qui intéresse tout à la fois la gloire de la nation et l'emploi des fonds de l'état, ordonnera l'exécution en modèles de ceux des projets qui auront été jugés les meilleurs.

CONCLUSION.

Sans doute que ceux des architectes qui, de nos jours, ont mérité le plus l'estime publique par de vrais talens, et qui sont les plus familiers avec les grands principes de leur art, sauront combiner, avec succès, les moyens efficaces pour la noble entreprise dont il s'agit; ils jugeront que la célébrité acquise par les François dans le grand art de bâtir, leur fait une loi de conserver le dôme du Panthéon. Mais si la composition entière de cet édifice, si sa destination nouvelle exigent le maintien de sa coupole, comme je l'ai démontré; l'économie d'ailleurs le commande au gouvernement.

J'avance que, soit qu'on démolisse quelques parties de la coupole, ou qu'on la supprime, l'une ou l'autre de ces mesures occasionneroient une dépense considérable, que sa conservation entière évitera; car la réfection des piliers dans les paremens de leurs trois côtés, la reconstruction de leurs têtes et des douze colonnes adhérentes, sont inévitables, quelque soit la nature de la restauration que l'on adopte.

Il est constant, d'après les effets ruineux qui se sont manifestés dans les supports du dôme de Sainte-Geneviève dès 1778, aussitôt que les arcades des nefs et les pendentifs furent construits; il est constant, dis-je, que l'insuffisance de ces mêmes supports pour soutenir le poids de ces seules parties, étoit déja prouvée; et ces effets ont été provoqués par la forme de leur plan, qui a entraîné le porte-à-faux dans les culées des arcades.

Voilà comment toutes les grandes fabriques du dôme établies sur de telles bases, ont d'autant plus déterminé par leur poids, les destructions dont nous sommes les témoins. Je suis donc bien fondé à conclure, comme je l'ai avancé dans mon ouvrage (1), que les vices dans les procédés de bâtir, auxquels on voudroit attribuer tout le désordre des supports, ne sont que des causes secondes. Je dis désordre dans les supports, parce que l'on ne peut en distraire ni les colonnes, ni les pilatres écrasés qui en font parties, et que leurs corps, proprement dits, ont leurs paremens aussi fracturés.

L'on sait que pour l'exécution de cet édifice, les procédés les plus scrupuleux ont été apportés, dès son origine, jusqu'à la hauteur de 4 pieds au-dessus du sol des nefs, que la construction ensuite, jusqu'aux chapiteaux des colonnes, a été moins soignée. Et de cette négligence l'on persiste à faire dépendre toutes les dégradations qui se sont manifestées dans les supports du dôme!

Je demande d'abord comment il se fait que le socle des piliers dont la hauteur est de 2 pieds 6 pouces construit avec le plus grand soin; lié sur deux sens avec les constructions environnantes, fortifié par ses empatemens, ce socle lui-même soit fracturé? Je demande encore pourquoi les colonnes engagées aux angles des murs d'enceinte et celles des péristyles qui avoisinent les piliers, mais étrangers au poids particulier du dôme, n'offrent point de signes de destruction? Ce seroit se refuser à l'évidence, que de ne pas convenir que la cause principale des accidens qui existent dans ces piliers, est la foiblesse relative de leurs masses, comme aussi la figure de leur plan.

D'après des considérations aussi puissantes, je suis très-fondé à persister dans l'opinion que j'ai publiée, et je conclus

(1) Chap. 37, p. 212.

de nouveau que le poids des arcades des nefs, par leur porte-à-faux sur les plates-bandes, étant d'ailleurs tranchées à leurs têtes; que celui des pendentifs et de l'entablement qui les couronne, écraseront toujours, même en l'absence du dôme, les colonnes qui ne tiennent aux angles des piliers que par un foible point. Donc quelque changement ou quelqu'altération que l'on se permette dans l'ordonnance du dôme, il y aura une nécessité absolue, en reconstruisant les douze colonnes de venir à leur secours par des masses nouvelles, et de faire disparoître la forme triangulaire qu'elles dessinent dans le plan des piliers.

Ce ne sont pas ici de vaines redites contre l'insuffisance du volume des supports de la coupole du Panthéon, mais des vérités sur lesquelles il importe d'insister; car pour soutenir avec succès la thèse contraire, à l'aide des sciences mathématiques, et contre le témoignage frappant de la nature elle même, dans une question d'une aussi haute importance, il faudroit pouvoir connoître toute la force dont les pierres employées dans la construction des bâtimens sont capables. Et cela est impossible. Il est certain que les machines composées pour découvrir cette vertu dans les pierres, étant susceptibles de plus, ou moins de perfection, donnent des résultats différens; et en admettant qu'une machine, put être parfaite, les calculs seroient encore insuffisans. La raison en est que les mêmes bancs de pierre dans les carrières offrent une grande variété dans les élémens qui les constituent; ensorte que mis en œuvre, ils ont plus ou moins de force. Donc il ne faut jamais faire dépendre la durée des édifices de quelques expériences fautives par l'imperfection des machines, ni des hasards dans les qualités incertaines des matériaux; ni enfin de la négligence inévitable dans la manutention.

Ainsi, la prudence veut que l'on se dirige d'après les modèles qui subsistent depuis des siècles, pour déterminer la proportion des masses nécessaires à la solidité dans les monumens à construire; ils feront toujours la règle la plus certaine pour obtenir cette proportion. Il faut abandonner tous moyens artificiels que l'expérience rejette.

Or, il n'est pas d'exemple d'aucun dôme dont les supports soient aussi foibles que ceux du Panthéon François. Aucun ne contrarie, comme lui, les principes sur la réduction dans les masses supportées (1), et dont le plan ait des parties extérieures en porte-à-faux au-delà des voûtes qui le soutiennent. La seule inspection des plans des coupoles de Saint-Pierre, à Rome, de Saint-Paul, à Londres, des Invalides, à Paris, mis sous les yeux du public depuis long-tems, comparés avec celui du Panthéon, démontre la vérité de la proposition. Donc il faut d'autant plus augmenter le volume des supports dont il s'agit; et le sens dans lequel je le propose, satisfait le mieux, à toutes les conditions imposées par le plan exécuté.

Je crois avoir prouvé complettement, que vouloir supprimer plusieurs parties de la coupole du Panthéon, ou même la démolir en totalité, ainsi qu'on l'a proposé récemment, comme moyen seul efficace pour soulager les supports, seroit causer une dépense infructueuse et additionnelle à celle impérieusement commandée pour leur réfection. L'on ne peut nier qu'une démolition quelconque, jointe à la construction de nouvelles voûtes, dans ce cas inévitables à faire, occasionneroient en pure perte des frais énormes en dénaturant le monument. La vérité d'une pareille remarque est sentie à l'avance par tout architecte expérimenté.

La restauration des piliers du dôme du Panthéon est difficile sans doute; mais est-il rien de glorieux qui n'offre des obstacles?

(1) Principes de l'Ordonnance, etc., ch. 33, p. 197; ch. 36, p. 208.

C'est pourquoi, combiner des masses d'architecture d'une heureuse proportion, et capables de procurer aux supports du dôme la solidité la plus complette, conserver dans le plan général de l'édifice, les aspects intérieurs variés et piquans dus à son ingénieuse distribution ; tel a été le but de mon travail. Ce n'est pas que je prétende avoir surmonté toutes les difficultés d'une entreprise aussi grande ; cependant je me suis appliqué à saisir et à bien connoître ses points principaux ; aussi je reste persuadé que tout autre système de restauration que celui de faire disparoître dans les supports actuels leur forme triangulaire, d'augmenter considérablement leur masse cubique, sera hasardé, et qu'il compromettra la durée du dôme. Il est vrai que l'architecte qui sera assez heureux pour vaincre tous les obstacles qui se rencontrent dans cet œuvre sans exemple, semblable au voyageur qui a franchi les routes les plus escarpées pour arriver à un but utile et honorable, jouira d'une satisfaction réelle ; cet artiste alors, dans un enthousiasme légitime, pourra dire avec Horace : « J'ai achevé un monument durable pour ma gloire. »

FIN.

PLANS
ET COUPES
DU PROJET DE RESTAURATION DES PILIERS DU DOME
DU PANTHÉON FRANÇOIS.

Par CHARLES-FRANÇOIS VIEL,
ARCHITECTE DE L'HOPITAL GÉNÉRAL DE PARIS.

Le desir de plusieurs artistes de connoître mes dessins pour la restauration des piliers du dôme du Panthéon, desir qui a été aussi manifesté dans des ouvrages périodiques (1), en y rendant compte des moyens que j'ai publiés (2) sur cette grande opération, m'a déterminé à les faire graver (3).

Ces plans, fidèles à la description qui les a précédé, confirment que tous les moyens de solidité que j'emploie, s'appliquent   Voy. fig. I.

---

(1) Le Magasin encyclopédique s'explique ainsi :

« L'ouvrage, que le cit. Viel vient de publier, contient un plan de l'église de Sainte-Geneviève, qui, à la vérité, sert à éclaircir différens points de sa dissertation ; mais il auroit été à desirer qu'il l'eut accompagné du plan et de la coupe de ses projets de restauration. » No. 22, premier germinal, an 6 (21 mars 1798), p. 165.

(2) Moyens pour la restauration des piliers du dôme du Panthéon françois.

Paris, chez Perronneau, rue des grands Augustins, n°. 14.

(3) J'ai réduit mes premiers dessins, pour être gravés, à la même échelle de ceux qui composent la collection des différens plans et coupes de la coupole du Panthéon, qui est entre les mains du public, par ce moyen il pourra plus aisément faire les rapprochemens qui l'intéresseront.

(2)

Voy. fig. II. aux piliers seuls, parce que seuls ils reçoivent le poids du dôme, ainsi que je l'ai observé dans mon ouvrage (1), et qu'entre les diverses parties qui les avoisinent, ils sont seuls dans un état de destruction.

Je ne me suis pas attaché dans mes méditations sur la coupole du Panthéon, à ne comparer que la surface des piliers, relativement au diamètre du dôme, et à en faire sentir toute la disproportion (2), mais encore à comparer le volume particulier de chacun de ses supports en raison de celui des piles qui, dans la tour sont les parties essentielles de la solidité de la coupole entière. Et persuadé que je suis, qu'un bon plan est nécessairement solide (3), j'ai donné la plus sérieuse attention à la nature de celui des piliers. En conséquence, j'ai fait disparoître les deux vices principaux qui y existent, la forme triangulaire, et la disproportion énorme entre leurs masses et celles du plan de la tour du dôme.

Je me suis défendu d'avoir recours aux moyens artificiels de l'emploi des arcs-boutans, ainsi que je m'en suis déja expliqué, lesquels ne sont que de véritables contrefiches (4). Je ne me suis pas non plus livré aux hypothèses illusoires sur la force dont les pierres qui construisent les piliers, sont susceptibles, sur cette force qui fait tout l'espoir des partisans des piliers actuels (5).

Voyez fig. I et II.
Telles sont les considérations générales qui ont dirigé mon travail, et qui m'ont déterminé dans les moyens de restauration qu'expriment mes dessins.

(1) Principes de l'ordonnance, etc., ch. 39, p. 223.
(2) Idem, ch. 36, p. 209.
(3) Idem, ch. 34, p. 200.
(4) Pièces de bois que l'on employe pour suspendre la chûte des bâtimens.
(5) On lit, à ce sujet, dans un journal du premier floréal dernier, la phrase suivante :

« Des expériences nouvelles ont appris quel poids les pierres pourroient porter sans se fendre et sans s'écraser, etc. »

J'ai démontré toute l'incertitude dans laquelle laissent des expériences de cette nature. Voyez Moyens pour la restauration, etc., p. 22.

Et pour bien faire connoître mes motifs particuliers, je dois donner ici un développement nouveau à une observation que j'ai déja faite sur les divers soutiens de la colonnade extérieure.

Un peu de réflexion sur la construction de cette partie de l'édifice, ne permet pas à un homme instruit, d'assimiler les pendentifs intermédiaires aux arcs-chainette qui reposent sur les murs d'enceinte de ce temple, à ceux que portent les piliers du dôme ; la différence entre eux est très-grande, et dans leurs fonctions, et dans leurs constructions.

Ces derniers soutiennent la coupole presque en totalité; ils sont assujettis avec avantage par les voûtes des nefs qui les pressent, avec lesquelles ils s'appareillent, et renvoyent toute la charge sur les piliers.

Les premiers, au contraire, concourent seulement à porter la colonnade qui enrichit la tour du dôme à l'extérieur, et ces pendentifs ne sont point comme les précédens, buttés par des constructions distinctes de celles sur lesquelles ils reposent. De plus, les branches qui les constituent ont de chaque côté 36 pieds de longueur, et pour appui, un mur qui est le flanc même des arcs de 95 pieds 5 pouces, et dont l'épaisseur est à peine de 5 pieds.

Indépendamment de ces différences principales, ces mêmes pendentifs qui, selon leur plan naturel, devroient avoir une projection de 13 pieds, sont interrompus à 8 pieds, par l'angle droit des piliers du dôme, et là, ils se convertissent en des voûtes complettes au pied de la tour.

Un coup-d'œil sur les plans et les coupes découvre tout l'artifice de cette construction, l'on y reconnoît que ces arcs et ces pendentifs ne sont pas les soutiens uniques de la colonnade extérieure, comme on l'a publié récemment (1); et qu'elle ne pourroit exister sans le concours des piliers du dôme.

(1) « Cette colonnade circulaire (dit-on, dans la Décade philosophique) composée de 32 colonnes, peut être conservée avec d'autant plus de raison *qu'elle*

(4)

Or, de cet état de choses dans la construction de la coupole du Panthéon, il résulte que la durée de tout ce qui en fait partie, dépend absolument de l'accroissement à faire dans ses piliers. De plus, la force nouvelle qu'ils acquérront, sera protectrice de toutes les parties environnantes; elle secondera avec succès les quatre grands arcs contre les efforts violens, qu'ils seroient dans le cas d'éprouver, d'après leur propre structure, sans un pareil secours (1). Par-là le porte-à-faux de ces arcs sur les plates bandes des colonnes qui sont adhérentes aux murs, ne laissera point de crainte; leur centre de gravité d'ailleurs se reportant de 8 pouces sur le corps des mêmes murs qui forment l'enceinte du temple.

Je concluerai de ces observations, qui sont d'accord avec toutes celles que j'ai déja faites sur le même objet, que les piliers doivent être l'objet particulier de l'application des moyens de solidité à procurer au dôme du Panthéon (2), et que leurs têtes anguleuses et leurs pans coupés doivent fixer toute l'attention des architectes. Un tel parti satisfera aux données rigoureuses prescrites par la nature du plan de Soufflot.

Voy. fig. I.

Déja plusieurs architectes ont publié des projets différens, plusieurs encore animés d'une aussi noble émulation, sont dans le cas d'en produire de nouveaux. Bientôt le gouvernement pourra fixer son choix, et ordonner les modèles de ceux des projets qui satisferont le mieux aux quatre conditions à remplir, savoir :

1°. Une solidité complette.

---

n'est point soutenue par les piliers qui fléchissent, mais par quatre grands arcs qui portent sur les coins rentrans des murs extérieurs de l'édifice. »

An 6, premier trimestre, 30 frimaire, n°. 9, p. 540.

(1) Principes de l'ordonnance, etc., ch. 39, p. 223.

(2) Idem, ch. 40, p. 225, ayant pour titre, *raisons d'augmenter le volume des supports du dôme*.

2°. L'altération la moins sensible dans la distribution du plan exécuté.

3°. La conservation des péristyles intérieurs qui composent le temple et ne leur porter aucune atteinte.

4°. L'emploi de membres d'architecture des plus heureuses proportions.

Comme la restauration des piliers du dôme du Panthéon fait une double et forte impression sur l'esprit du public, et à l'égard de la dépense qu'elle doit occasionner, et à celui de son succès; je puis dire que mes plans réunissent les moyens les plus efficaces en solidité, et que tout à la fois leur exécution n'entraînera point des frais considérables. Voici comment je le prouve.

Je ne crains pas d'être démenti en avançant que les constructions que je propose, ne peuvent être évaluées au vingtième de la totalité des dépenses faites jusqu'à ce jour pour le monument entier. Or, l'on sait qu'elles n'excèdent point 17,000,000 francs, donc l'exécution de mon projet ne peut s'élever au-delà de 900,000 fr.; mais les calculs que j'en ai fait, m'ont encore donné un résultat inférieur. Et l'on juge aisément, que cette somme ne devant être délivrée que selon le progrès des travaux, un tems assez long s'écouleroit à l'employer. Ainsi le trésor de l'état n'en seroit pas altéré. Au reste, il n'y a que deux partis à prendre sur le dôme du Panthéon : l'un, de renforcer ses piliers pour assurer sa conservation; l'autre, de le laisser sur ses bases actuelles et de le voir écrouler.

Fassent les destinées de ce superbe édifice, que la diversité dans les jugemens de quelques architectes à systèmes, ne laisse pas plus long-tems les supports du dôme dans la détresse où ils sont, et le gouvernement dans une fluctuation dangereuse, pour ordonner leur restauration, qui n'est que trop prolongée. C'est en vain que l'on voudroit encore prétendre que le péril n'existe pas, que les piliers se maintiennent dans un état immobile depuis long-tems; que leur force *est encore telle qu'elle pourroit porter un poids décuple de celui dont elle est chargée* (1). Des débris qui journellement se succèdent et tombent à leurs pieds (2), donnent la démonstration la plus claire d'une question que l'on s'obstine à rendre problématique.

Et pour défendre le public contre des assertions aussi étranges; car selon la pensée d'un écrivain moderne, « il existe des gens plus disposés à croire tout ce qui est extraordinaire, qu'en mesure d'apprécier ce qu'on présente à leur crédulité, qui accueillent aisément l'exagération couverte des apparences de l'exactitude mathématique; parce qu'ils supposent qu'on ne peut mentir par des chiffres. » Je déclare que tout architecte éclairé par l'expérience, que les véritables amis des arts ont les plus justes craintes qu'une telle lutte, que peut-être trop de petits motifs alimentent, ne fasse appliquer un jour au Panthéon françois le mot de la Fontaine :

..... S'étant trouvés différens pour la cure,
Le malade paya le tribut à nature.

(1) Cette proposition est extraite du même ouvrage périodique du premier floréal dernier, déjà cité, dont le but est de rassurer le public sur la ruine du Panthéon.

(2) Depuis la publication de mes Moyens de restauration, plusieurs effets de destruction se sont manifestés, entre autres dix tambours de suite, à compter de la base de la colonne d'angle du pilier sud-ouest, sur la nef du côté du sud, ont flué en gravois, et ce, dans le quart de leur diamètre. Aucun raisonnement ne peut atténuer un tel fait. D'ailleurs des signes de nouveaux déchiremens ont lieu dans les différens piliers, et les plus prochains, comme les plus importans, éclateront dans ceux au sud-est et au nord-est. Mes dernières observations ne me permettent point d'en douter.

EXPLICATION.

FIGURE PREMIERE.

Plan des piliers au sol de l'édifice.

N°. 1. Piliers actuels du dôme, de forme triangulaire.
N°. 2. Côté de l'angle droit du plan.
N°. 3. Pan coupé, ou base du triangle.
N°. 4. Colonnes d'angles.
N°. 5. Pilastres adhérens aux colonnes, et ployés sur le pan coupé.
N°. 6. Arcs faisant redent à la tête des nefs sur le côté extérieur du dôme.
N°. 7. Arcs des voûtes des nefs.
N°. 8. Côté extérieur du plan de la tour du dôme ayant 12 pouces 9 lignes de porte-à-faux sur les arcs des nefs.
N°. 9. Côté intérieur du plan de la tour reposant sur les arcs qui font redent.

RESTAURATION.

A. Piédroits enveloppans la forme triangulaire des piliers (1).
B. Renforts de 5 pieds sur le pan coupé.
C. Renfort sur les côtés droits des piliers.
D. Colonnes accompagnant les piédroits.
E. Nouveau plan de l'entablement qui couronne les pendentifs.
F. Piédroits de groupes de figures.

(1) *N. B.* Ces piédroits ne feront qu'une seule et même construction avec les colonnes et les pilastres qui leur tiennent, qu'il faut reconstruire en liaison avec le corps des piliers.

FIGURE DEUXIÈME.

a Plan pris à la naissance de l'ordre extérieur de la tour du dôme.
b Piles au-dessus des piliers sur lesquelles tout le poids de la coupole est dirigé.
c Trumeaux distribuant le mur intermédiaire de la tour du dôme.
d Colonnes adhérentes et qui font partie de la tour.
e Escalier de la coupole.

Prairial, an VI.

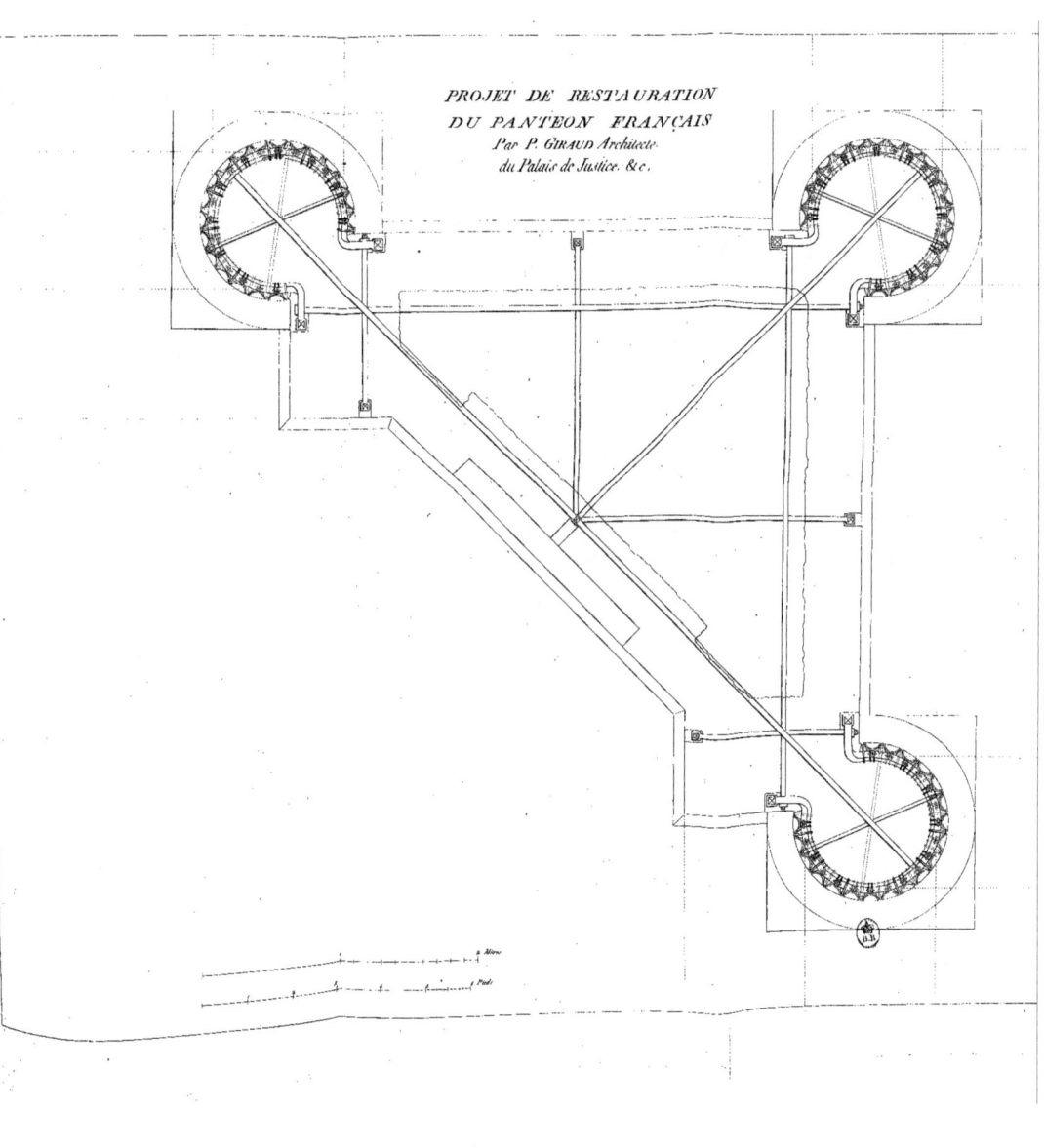

FIGURE DECRITE.

www.ingramcontent.com/pod-product-compliance
Lightning Source LLC
Chambersburg PA
CBHW060709050426
42451CB00010B/1342